I0115948

BIOGRAPHIE

DE

ZÉNOBIE MARCAILHOU-D'AYMÉRIC

EN RELIGION, SŒUR CÉLINE

(1837-1909)

FOIX

TYPOGRAPHIE ET LITHOGRAPHIE VEUVE POMIÈS

1909

BIOGRAPHIE

DE

ZÉNOBIE MARCAILHOU-D'AYMÉRIC

EN RELIGION, SŒUR CÉLINE

(1837-1909)

$ Ln²⁴⁷

56819

FOIX

TYPOGRAPHIE ET LITHOGRAPHIE VEUVE POMIÈS

1909

BIBLIOTHÈQUE NATIONALE

ZÉNOBIE MARCAILHOU-D'AYMÉRIC,

En religion, Sœur CÉLINE

(1837-1909)

BIOGRAPHIE

[Cachet de bibliothèque : BIBLIOTHÈQUE NATIONALE — IMPRIMÉS]

DE

Zénobie MARÇAILHOU-D'AYMÉRIC

EN RELIGION, SŒUR CÉLINE

(1837-1909)

C'est pour nous un pieux devoir à remplir que de retracer, à grands traits, la vie de notre vénérée sœur, Zénobie, humble fille de la Charité, de l'ordre de Saint-Vincent-de-Paul, qui s'est doucement endormie dans le Seigneur, le 27 janvier 1909, dans sa 72e année.

Sa belle vie d'abnégation et de dévouement s'est écoulée loin de nous, pour le soulagement de l'humanité souffrante et les soins à donner aux malades, dans les hôpitaux ; il ne nous reste aujourd'hui que son exemple, ses bonnes œuvres et son doux souvenir.

Ce souvenir ne s'effacera pas du cœur de ceux qui l'ont connue et appréciée ; c'est pour le rappeler que nous avons voulu, avec l'émotion d'une affection fraternelle, établir sa biographie.

Son âme s'est envolée vers le séjour céleste où elle jouit d'une félicité sans bornes. Envions son bonheur et, en attendant de la revoir un jour, faisons un retour sur sa vie, dans le monde qu'elle vient de quitter, et reproduisons les principales phases de son existence vraiment belle et aux aspirations élevées.

§ 1. — Sa naissance et son enfance, à Ax (1).

Zénobie-Anne-Marie-Denise MARCAILHOU-D'AYMÉRIC, naquit à Ax, berceau de la famille, le 30 octobre 1837. Elle était le second enfant issu du mariage de Thomas-*Auguste* Marcailhou-d'Ayméric, notre dévoué père, et de Jeanne-Thérèse-*Céline* Rivière, notre digne mère.

Le parrain de notre sœur fut Denis Rivière, garde-général des Eaux et Forêts, chevalier de la Légion d'honneur, son oncle maternel, et sa marraine, Zénobie Duran, sa tante paternelle.

Dès sa plus tendre enfance, qui s'écoula, paisible et heureuse, dans le site grandiose des belles montagnes qui dominent sa ville natale, elle manifesta des sentiments pieux et un penchant mystique qui décideront, plus tard, sa vocation.

Zénobie se plaisait surtout à l'église paroissiale Saint-Vincent, où elle avait reçu le baptême des mains d'un digne et vénéré prêtre, l'abbé François Tourte, qui exerça son zélé ministère, à Ax, pendant 27 ans (1830-1857).

Dans le temple sacré, tout éveillait en elle des sentiments de fervente piété ; elle subissait de bonne heure comme un appel céleste ; la lumière douce qui filtrait à travers les vitraux coloriés des chapelles, les flamboiements et reflets d'or des candélabres, la pâle lampe du sanctuaire qui veille toujours, le tabernacle doré, le parfum de l'encens, le confessionnal guérisseur des souffrances spirituelles, le service divin, les chants liturgiques des offices, l'harmonie des cantiques de la *Congrégation des Enfants de Marie* dont elle faisait partie et où elle se distingua par sa belle et fraîche voix, tous les rites du culte, en un mot, frappèrent son imagination, touchèrent sa sensibilité et firent vibrer les fibres de son cœur, en la plongeant dans une sérénité religieuse.

---

(1) Nous rappellerons que le nom d'*Ax* n'a été transformé en celui d'*Ax-les-Thermes* que par écret présidentiel du 24 décembre 1888.

Aussi, sa tenue à l'église, fut-elle empreinte de cet esprit de foi qui faisait l'admiration de ses compagnes du même âge (1); celles-ci, devenues bien rares aujourd'hui, en témoignent encore et vantent la douceur de son caractère, son affabilité et sa piété exemplaire. Elle fit son éducation chez les Sœurs de Nevers qui instruisaient les jeunes filles dans une des salles de l'hospice d'Ax. Sérieuse et grave, même à un âge où l'illusion dore les songes de la vie et où la plupart des jeunes filles vivent sans souci, Zénobie, sitôt le grand acte de sa première communion accompli, en juin 1848, fut séduite par la beauté de la Religion et le charme mystérieux et pur qui entoure les rites chrétiens ; elle se sentit entraînée par le désir d'entrer dans les ordres religieux; mais, elle ne confia à personne ses intentions, voulant en garder encore le secret.

Elle résolut d'écouler sa vie dans le dévouement et la charité, en secourant, dès son adolescence, les pauvres d'Ax, en soignant les malades, visitant surtout les cholériques pendant la terrible épidémie de 1854 qui fit dans notre ville tant de victimes, et en les réconfortant par les secours de la Religion catholique.

L'année suivante (6 novembre 1855), elle nous tint sur les fonts baptismaux et fut notre marraine, avec notre frère aîné, comme parrain. Cette circonstance sera cause qu'elle s'intéressera vivement à nous pendant les diverses phases de notre existence et qu'elle nous prouvera, à l'occasion, sa tendre sollicitude.

§ 2. — Son voyage à Paris — Sa vocation, etc.

Notre sœur atteignait sa vingtième année lorsqu'un évènement imprévu facilita sa vocation.

Elle manifesta le désir de connaître sa tante maternelle, Sœur Augustine Rivière (2), l'angélique Fille de Saint-

(1) Nous citerons, entre autres, Mlle Anna Bélesta, actuellement Supérieure de la Congrégation des Enfants de Marie, à Ax.
(2) Françoise-Marie-Rose-*Augustine* Rivière était née, à Ax, le 29 août 1822.

Vincent-de-Paul, qui fut la distinguée Supérieure du nouvel hôpital réorganisé, en 1856, par l'Impératrice Eugénie, dans le quartier ouvrier et si agité de Saint-Antoine, à Paris. Jusqu'en 1871, cet hôpital sera connu sous le nom de sa bienfaitrice et s'appellera : *Hôpital Sainte-Eugénie* (1).

Le 25 avril 1857, ses parents consentirent, avec regret, à son voyage à Paris ; elle fut accompagnée par son frère aîné, Alphonse, qui était pharmacien sous-aide, à l'hôpital militaire du Val-de-Grâce.

Sa tante, Sœur Rivière, dont nous venons de parler précédemment, découvrit chez notre sœur l'esprit résolu de vocation religieuse et, voyant la sincérité de ses convictions, l'engagea à entrer dans la *Congrégation des Filles de la Charité* ou *des Sœurs grises* (2). C'est aux Sœurs de cette congrégation qu'étaient confiés, depuis la réorganisation de l'Hôpital Sainte-Eugénie, les services des soins à donner aux malades.

Pour l'éprouver, on lui fit panser les plaies les plus hideuses et on la soumit à des jeûnes fréquents, à des veilles répétées, auprès des malades. Rien ne put détourner Zénobie de sa vocation.

On comprend aisément, avec quelle peine, ses parents apprirent sa résolution. Leur fille (3) s'éloignait désormais d'un père et d'une mère chéris et consentait, dans l'épanouissement de sa jeunesse, à se retirer de la vie de famille, si tendre et si pleine de charmes, pour prendre une vie pénible et ascétique, tandis que les autres jeunes filles du même âge rêvaient un idéal de bonheur et de distraction et

---

(1) Après la guerre franco-allemande, l'hôpital susnommé porta le nom du célèbre praticien, le Docteur Armand Trousseau (1801-1867) et fut désigné sous le nom d'*Hôpital Trousseau*. Il a été transféré, il y a quelques années, rue Michel-Bizot, n° 158, dans un vaste établissement, récemment construit, dans le même arrondissement de *Reuilly* et qui renferme 335 lits pour les enfants. Nous rappellerons que, primitivement, sur l'emplacement de l'hôpital Sainte-Eugénie en existait un autre destiné à servir d'asile aux enfants trouvés, puis aux orphelins et qui s'appelait *Hôpital Sainte-Marguerite* ; il était situé rue du faubourg Saint-Antoine et rue de Charenton.

(2) Ainsi nommées de la couleur de leur habit. — Nous rappellerons que cette Congrégation a été fondée, en 1624, par Louise de Marillac, veuve Legras et que Saint-Vincent-de-Paul lui donna une règle et une constitution ; de là vint que l'on appela cette Congrégation : *Sœurs de Saint-Vincent-de-Paul*.

(3) C'était la seule fille sur cinq enfants dont se composait la famille (1 fille et 4 garçons.)

croyaient aux roses de la vie, en goûtant les plaisirs mondains.

Zénobie fut, au contraire, dédaigneuse des éblouissements du monde, du prosaïsme de l'existence, de l'atmosphère des passions humaines et ne considéra plus, dans la vie, que le rôle utile et humanitaire de la Fille de Charité prodiguant ses soins aux malades et aux blessés, soit dans les hôpitaux, soit sur les champs de bataille, apportant le baume salutaire dans les âmes et guérissant les blessures physiques et morales par des soins maternels.

Quatre mois après son arrivée à Paris, le 15 août 1857, elle entra dans cette capitale, au noviciat des Sœurs de Saint-Vincent-de-Paul et revêtit, près d'un an après, en entrant en Communauté, le saint habit de cette Congrégation ; elle prit le prénom de sa digne mère et s'appela désormais : *Sœur Céline*. La maison de Saint-Sulpice, à Paris, la retint pendant six mois environ, jusqu'en janvier 1859. A cette époque, elle est placée à *Pithiviers* et y reste pendant trois ans, jusqu'au commencement de 1862, mais elle quitte alors cette modeste ville du Loiret, pour se charger, sur l'ordre de ses Supérieurs, de l'office des Orphelins à l'*Hôpital général de Douai* (Nord). La sensibilité, la tendresse de son âme, la bonté de cœur de ses sentiments généreux, la douceur de son caractère purent s'épancher et se donner libre carrière envers les frêles créatures, ces orphelins pâles et maladifs ; elle sut leur prodiguer tous les soins désirables, avec un cœur maternel, et dépenser pour eux les trésors de sa charité.

C'est là que, le 15 août 1862, elle fit ses premiers vœux.

§ 3. — **Divers postes occupés par elle, comme Supérieure. Sa belle conduite pendant la guerre franco-allemande, etc.**

En 1867, *Sœur Céline*, quitta Douai pour *Gouy*, petite localité de 1370 habitants, située près des sources de l'Escaut (1), dans l'arrondissement et à 19 kilomètres de Saint-

---

(1) La commune de Gouy dépend du petit chef-lieu de canton, *Le Catelet* (485 habitants) dont elle n'est distante que d'un kilomètre.

Quentin (Aisne). Elle venait, à peine âgée de 30 ans, d'être nommée Supérieure de l'hôpital.

Une nouvelle phase, dans sa vie, s'ouvrit alors devant elle; son zèle et ses soins avaient été récompensés par ce juste honneur. Désormais elle allait remplir son vrai rôle de directrice, plus conforme à son caractère.

Ses Supérieurs l'appelèrent à *Paris*, au commencement de l'année 1869, et l'envoyèrent auprès de sa digne tante, la Supérieure de l'hôpital Sainte-Eugénie, déjà atteinte par un mal incurable qui devait l'emporter quelques mois plus tard, le 4 juin 1869, à l'âge de 47 ans ! !

Peu de temps après, Sœur Céline fut nommée Supérieure à l'hôpital de *Rethel* (Ardennes) ; elle souffrit beaucoup, au début de la guerre franco-allemande, des malheurs qui frappaient la France.

L'Empire venait de crouler, à Sedan, le 3 septembre 1870. Les vainqueurs de nos vaillants mais malheureux soldats, ravagèrent aussitôt le pays et occupèrent Rethel, le 5 septembre, le lendemain même du jour où la troisième République était proclamée à Paris et un gouvernement provisoire institué.

Au milieu du désarroi général, dans les souffrances du moment critique, Sœur Céline sut en imposer aux envahisseurs allemands par son attitude courageuse et pleine d'énergie. Ceux-ci, au paroxysme de la colère, se signalèrent par leur brutalité et leur arrogance.

L'hôpital civil fut occupé militairement et soumis à la loi martiale ; les Administrateurs avaient fui, comme d'ailleurs la plupart des habitants de Rethel. Notre sœur reçut l'ordre du général von Meyer de faire évacuer l'hôpital, mais elle ne se laissa pas intimider par cet ordre brutal. Elle alla hardiment trouver le général allemand, fit appel à ses sentiments généreux, implora la pitié pour les blessés français évacués sur cet hôpital et les pauvres infirmes confiés à ses soins. Elle obtint gain de cause. Ce beau mouvement, si audacieux auprès d'un chef ennemi, fit apprécier davantage la noblesse de son caractère. Sœur Céline obtint tout ce qu'elle désirait pour ses hospitalisés qui, par suite, ne souffrirent pas de privations, par ces temps si malheureux.

Quand le général von Meyer reçut l'ordre de diriger une partie de ses troupes sur Paris, il ne manqua pas d'aller rendre visite à la digne Sœur de Charité qui avait su l'émouvoir et la félicita de son dévouement. Cet épisode émouvant nous fournit une des plus belles pages de la vie de notre vénérée sœur.

Dans ce même hôpital, elle faillit être victime de la vengeance d'un domestique renvoyé par elle, pour mauvais service ; c'est providentiellement qu'elle échappa à un coup de rasoir que lui portait ce malheureux déséquilibré. Le coup trancha net sa cornette, mais ne lui fit aucun mal. Dieu réservait cette âme d'élite pour accomplir encore de bonnes et méritoires œuvres. Le criminel domestique, saisi par les Prussiens qui occupaient encore la ville militairement, allait être fusillé sans l'intervention louable et généreuse de notre dévouée sœur. Elle demanda sa grâce et l'obtint par ses supplications. Le misérable fut condamné à six mois de prison ; sa peine finie, il cherchait encore à attenter à la vie de sa bienfaitrice et ce fut le motif qui détermina le départ de Rethel de Sœur Céline pour venir prendre la direction de l'*Hôpital Saint-Jean*, à *Troyes* (Aube), en 1871.

Là encore, elle ne tarda pas à gagner l'estime et l'affection de tous ceux qui l'approchaient.

Cinq ans plus tard (1876) les Supérieurs la rappelaient à l'*Hôpital général* de *Douai* (Nord) pour diriger cet important établissement où elle avait déjà vécu, comme modeste Sœur, près de cinq années, de 1862 à 1867 ; elle sut s'y attirer, comme à Troyes, les sympathies unanimes des principales familles de cette ville et surtout des pauvres gens.

En septembre 1888, elle obtint de ses Supérieurs la permission de venir à Ussat-les-Bains dont l'hôpital thermal est dirigé par les Sœurs de Saint-Vincent-de-Paul. Ce fut une véritable joie pour son cœur de se retrouver au milieu de ses parents venus, nombreux, à sa rencontre (1).

Au mois de novembre 1889, lors de notre premier mariage, nous allâmes voir, à Douai, notre sœur et marraine chérie ; elle nous reçut avec une affectueuse tendresse, et voulut que ses compagnes de la communauté fissent notre connaissance. La joie débordait de son cœur. C'était la seconde fois seulement, depuis notre naissance, que nous avions le bonheur de la revoir.

Vers la fin de l'année 1890, sa chère cousine, Sœur Angèle Rivière qui était, depuis 43 ans, Supérieure du grand *Hôpital Saint-André*, à Bordeaux, sentant ses forces décliner, sollicita et obtint la présence de notre sœur, à titre d'assistante ou coadjutrice ; celle-ci y arriva, le 10 décembre 1890.

Après le décès de Sœur Angèle, survenu le 20 avril 1891, elle la remplaça comme Supérieure de ce vaste hôpital et ce fut à la satisfaction de tous qu'elle prit cette succession. On était sûr qu'elle s'acquitterait de cette direction avec tout le zèle et la fermeté voulus.

Lorsque le Président Félix Faure vint à Bordeaux, le 5 juin 1895, pour inaugurer officiellement le monument élevé à la mémoire des *Girondins* (2), il ne manqua pas de visiter, dans la matinée, l'*Hôpital Saint-André*, bâti sur les plans de l'architecte Jean Burguet, grâce à la générosité du duc de Richelieu, ministre de Louis XVIII et inauguré en 1829. En

---

(1) A cette occasion, un repas de famille eut lieu et notre oncle *Alexandre*-Joseph-Noël DURAN, juge de paix en retraite, âgé de 86 ans, composa pour le rémémorer, la poésie suivante :

Ussat-les-Bains, le 27 septembre 1888.

Dans cette réunion de parents et d'amis,
Nous fêtons, en ce jour, unis, à cette table,
Les plus doux souvenirs dont nos cœurs sont épris ;
Epoque de bonheur qui sera mémorable !...
Je ne m'attendais pas, au déclin de ma vie,
Malgré mon grand désir, à revoir Zénobie !
Fille de l'Eternel, tout entière pour Dieu,
De sa prime jeunesse, elle accomplit le vœu !
Que nos accents émus, dans ce jour solennel,
D'une douce amitié, s'élèvent jusqu'au Ciel,
Et conservons l'espoir, qu'en quittant cette vie,
Nous retrouvions, là-Haut, pour toujours, Zénobie.

(2) Bien qu'il ait coûté un million et demi, ce monument, blâmé par les uns, loué par les autres, toléré par tous est debout sans être encore absolument terminé. Il n'est certainement pas merveilleux, avec la svelte statue ailée de la Liberté qui surmonte sa belle colonne, mais dans son ensemble, il est imposant.

présence des autorités de la ville et de sa nombreuse escorte,
des membres du Conseil d'administration, le Président
félicita chaudement la Sœur Supérieure pour la bonne direction, la tenue et l'organisation modèle des divers services de
cet établissement (1). Si le dévouement et l'attitude éner-
gique de notre sœur, à Rethel, pendant la guerre franco-
allemande lui eussent été connus, nous sommes persuadé
que l'étoile des braves lui aurait alors été décernée, mais la
modestie de cette humble Fille de la Charité l'avait
empêchée de divulguer sa belle et louable conduite de 1870.

La même modestie existera dans d'autres circonstances de
sa vie, par exemple, lors de la date du cinquantenaire de
sa vocation que ses compagnes se firent un pieux devoir de
lui rappeler, en lui offrant, comme souvenir, un magnifique
cœur en vermeil ; dans son intention elle destinera cet objet
précieux à la chapelle de la Sainte-Vierge de sa ville natale
et ce désir sera comblé par nos soins.

A cette belle existence manquait l'auréole de la persécu-
tion. Les dernières années de sa vie vont être assombries par
les attaques sournoises et les procédés malveillants des sec-
taires du gouvernement.

Sœur Céline vit avec douleur la menace de l'envahissement
laïque dans les hôpitaux et le parti-pris avec lequel on choi-
sissait pour le service de quelques salles de malades (dans le
but d'évincer, peu à peu, les religieuses si dévouées et si
expertes) des infirmières laïques, la plupart protestantes et
de nationalité étrangère. On installa même à l'hôpital Saint-
André, une *École d'infirmières laïques* dirigée par une hollan-
daise, Mlle Stephaenn, de religion protestante, mais d'une
grande droiture dont elle fut victime. Elle attesta hautement
le dévouement et le savoir-faire des Sœurs, ce qui lui valut
le renvoi du poste qu'elle occupait. Cette demoiselle apprécia
grandement la bonté d'âme et la supériorité d'esprit de la
sœur Supérieure.

---

(1) Le vaste hôpital Saint-André a une moyenne de malades en traitement qui varie entre 750
à 800 quotidiennement, un personnel de domestiques et d'employés de 360 personnes et plus de
50 sœurs de Saint-Vincent-de-Paul.

L'école des Infirmières laïques qui avait été installée officiellement le 25 janvier 1904, à l'hôpital Saint-André fut transférée, dans le courant d'octobre de la même année, à l'*Hôpital du Tondu*, (1) annexe bordelais de l'Hospice des Incurables, à *Pellegrin*. — Les Sœurs de Nevers, au nombre de douze durent quitter avec tristesse les malades de cet hôpital, pour être remplacées par des laïques.

Le cœur de Sœur Céline, éprouva un déchirement intime et un vif chagrin qui devait miner lentement sa santé déjà affaiblie. Les sœurs, ses compagnes furent obligées, pour se maintenir au service des malades et blessés de l'hôpital Saint-André, de subir devant une commission peu favorable, des examens pratiques, pour obtenir le brevet d'infirmières. Toutes celles qui se présentèrent, furent reçues avec les mentions *Bien* et *Très-Bien* et ce résultat inattendu déconcerta les ennemis des Sœurs de Saint-Vincent-de-Paul.

Notre sœur accepta avec résignation son retrait de l'hôpital Saint-André, pour le bien-être duquel elle avait dépensé tant de forces physiques et morales et qu'elle avait dirigé pendant seize années, de 1891 à 1906.

Il y a deux ans et quelques mois qu'elle reçut l'ordre de ses Supérieurs d'aller diriger l'*hôpital-hospice* de Montdidier.

Le 5 décembre 1906, elle quitta l'hôpital Saint-André, au milieu des larmes de ses nombreuses compagnes, prévenues de son départ, au dernier moment, pour aller occuper, après un séjour d'un mois de repos à la maison mère de la rue du Bac, à Paris, le poste tranquille qu'on lui avait désigné.

Sœur Valentine Ranveau, sa fidèle et dévouée assistante, depuis plus de quinze ans, à Bordeaux (2), la suivit dans son départ et fut nommée, non loin d'elle, dans le même département de la Somme, Supérieure de l'hôpital d'Abbeville où elle est encore.

C'est à Montdidier que, vers la fin de l'année 1908, une

---

(1) L'hôpital du Tondu est situé dans le faubourg suburbain de ce nom, faisant partie du 9ᵉ arrondissement dit *de la Chartreuse*.

(2) Elle était arrivée à Bordeaux, le 16 juillet 1891, sept mois après Sœur Céline.

attaque d'hémiplégie du côté droit vint frapper notre digne et vénérée sœur. Un instant, on put croire que sa santé se rétablirait, mais ce fut une lueur d'espérance vite passée. L'usage de la parole était revenu, lentement, lorsqu'une seconde crise aggrava son état, le 24 janvier 1909. Notre sœur ne put se faire comprendre que par signes. Prévenu télégraphiquement, nous arrivâmes à Montdidier, le 26 janvier, à 3 heures du soir. La sœur dévouée qui lui avait prodigué ses soins, prévint la chère malade de notre arrivée, avec tout le ménagement désirable, mais dès que celle-ci nous aperçut, sa joie fut si grande, qu'elle lui causa une crise de faiblesse, heureusement de courte durée. Notre présence auprès d'elle se prolongea le plus possible. Par des hochements de tête, seulement, notre sœur répondait aux questions posées.

Vers 4 heures du matin, le 27 janvier, nous fûmes appelé précipitamment auprès d'elle ; nous comprîmes de suite que ce n'était qu'une crise, mais que son état de faiblesse s'était encore aggravé. Vers 9 heures du matin, M. l'aumônier de l'hôpital vint lui apporter, une dernière fois, les encouragements consolateurs de la Religion. Peu après, vint le médecin, M. le Dr Lévêque, qui ne donna plus d'espoir sur l'état de notre sœur bien-aimée, dont les extrémités commençaient à se cyanoser. Le cœur battait encore assez régulièrement et avec force. Peu à peu, le pouls s'affaiblit, mais notre chère moribonde avait encore toute sa connaissance ; elle portait sa main gauche à la tête pour indiquer le siège de son mal et paraissait satisfaite de nos soins auprès d'elle, ce qu'elle témoignait par un serrement de main.

Quelle angoisse pour nous de voir peu à peu s'éteindre la vie de celle qui nous affectionnait si tendrement ! Pour prolonger de quelques heures son existence, nous plaçâmes sur sa tête une calotte remplie de glace. Peu à peu son corps se refroidit et, à 2 heures 40, elle rendit, sans agonie, sa belle âme à Dieu, au milieu de toutes ses compagnes en pleurs qui reconnaissaient en elle une mère véritablement digne de ce nom. Son facies conserva la sérénité d'une sainte et une larme coula de ses yeux que nous fermâmes pieusement.

Etait-ce l'indice des souffrances qu'elle avait supportées avec une résignation admirable, durant sa maladie? Dieu seul le sait !

Ses obsèques célébrées, le 29 janvier, dans la chapelle de l'hôpital, furent grandioses, dans leur simplicité.

Le Maire de la ville de Montdidier et les Administrateurs de l'hôpital y assistèrent tous ; les principales familles de cette ville y furent représentées, ce qui prouve la sympathie et le respect dont notre vénérée sœur était entourée, malgré le peu d'années de séjour à Montdidier. Près de 40 Sœurs de Saint-Vincent-de-Paul faisaient partie du cortège.

Sœur Céline a quitté cette terre d'exil à l'âge de 71 ans et demi et dans la 51e année de sa vocation. Dieu n'a pas voulu laisser plus longtemps dans ce monde une âme si belle et si digne, l'ange protecteur de toute sa famille, et qui prononça quelques jours avant sa mort ces belles paroles : « Nos Sœurs, s'il pouvait entrer un regret dans le Ciel, ce serait celui de n'avoir pas assez souffert. Je n'aurai pas ce regret ».

Ses bonnes œuvres, ses fondations de messes et autres lui survivent ; notre vénérée sœur considéra, comme une grâce divine, les souffrances de sa dernière maladie, qu'elle supporta avec une résignation admirable.

Suivant les belles paroles de Saint-Augustin : « Elle a entrevu la fin de sa vie avec ce calme surnaturel qui est, pour ceux qui vont à Dieu, la plus précieuse des grâces et, pour ceux qui restent, la plus douce des consolations ». Selon le désir qu'en avait exprimé notre vénérée sœur, sa dépouille mortelle repose dans le caveau de la communauté de Montdidier ; ses dernières compagnes ont la pieuse satisfaction d'aller prier sur sa tombe, et d'y apporter des fleurs, en demandant sa protection du haut du Ciel.

Ax-les-Thermes, le 14 avril 1909.

Hte MARCAILHOU-D'AYMÉRIC,

Pharmacien de 1re classe, à Ax-les-Thermes (Ariège)

FOIX, TYPOGRAPHIE ET LITHOGRAPHIE VEUVE POMIÈS

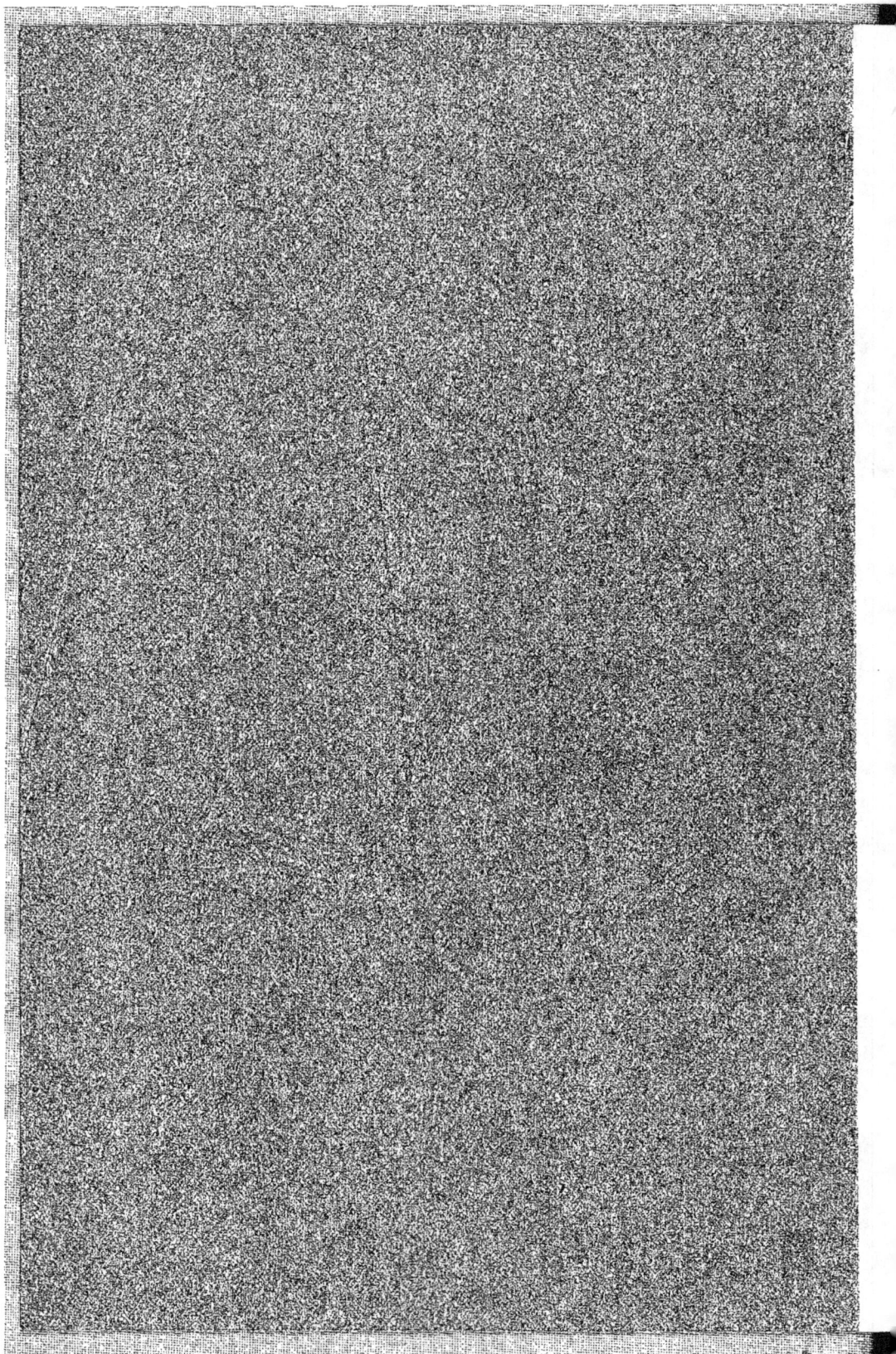

www.ingramcontent.com/pod-product-compliance
Lightning Source LLC
Chambersburg PA
CBHW071345290326
41933CB00040B/2380

9 782019 577506